Frannie Allard

Je m'occupe de mon chien

Katherine Starke

Maquette : Joanne Kirkby

Illustrations : Christyan Fox

Rédaction : Phillip Clarke

Expert-conseil : Barry Eaton

Pour l'édition française : Traduction : Christine Sherman

Rédaction : Renée Chaspoul et Nick Stellmacher

Liens Internet

Pour découvrir des liens vers des sites Web qui t'en apprendront davantage sur les chiens et les chiots, rends-toi sur
www.usborne-quicklinks.com.fr

Tu trouveras un lien direct à chaque site suggéré, et tu pourras par exemple :

- Te documenter sur les chiens
- Découvrir la race de chien qui te convient le mieux
- En savoir plus pour bien dresser ton chien
- Faire des jeux ayant des chiens pour thème

Nous recommandons aux adultes d'encadrer les enfants lorsqu'ils consultent l'Internet et de respecter les conseils de la page *La sécurité sur Internet* du site Quicklinks d'Usborne. Les éditions Usborne ne sauraient être tenues responsables du contenu de sites Web autres que le leur.

Sommaire

Choisir un chien

Réfléchis bien au type de chien que tu veux avoir. S'il s'agit de ton premier chien, un chiot sera plus facile à élever et à dresser qu'un chien adulte.

Renseigne-toi auprès de la Société centrale canine. Pour tout achat de chien, il faut exiger un certificat ou attestation de vente.

Rencontre de la mère

Un chiot peut quitter sa mère dès l'âge de 7 ou 8 semaines. Va voir la mère pour savoir si c'est un bon chien.

Ces Golden retrievers ont 6 semaines.

Cette chienne a sans doute transmis son tempérament calme à ses chiots.

Choisir un chiot

Avant de choisir un chiot, renseigne-toi sur ses parents. Par exemple, pour savoir à peu près quelle taille aura ton chiot en grandissant.

Si tu le peux, joue avec les chiots pour faire connaissance et voir lesquels sont les plus sociables – lequel aime les gens, et ses frères et sœurs.

Choisis un chiot ni trop timide, ni trop indépendant. Un chiot qui n'en fait qu'à sa tête est difficile à dresser.

Types de chiens

Les chiens de race sont élevés pour certaines qualités d'aspect et de comportement. Un tel chiot aura plus tard les caractéristiques de sa race : taille, caractère, par exemple.

Ce chiot de race est un Border-Collie.

Les Border-Collies demandent beaucoup d'attention et d'exercice, car ils s'ennuient vite et deviennent agités.

Besoins particuliers

Les chiens de race ont besoin de soins spéciaux, comme un brossage plus fréquent ou beaucoup d'exercice. Ils sont souvent chers. Renseigne-toi à l'avance sur la race qui t'intéresse.

Chiens bâtards

Ils sont un mélange de plusieurs races. Il est plus difficile de savoir quel sera l'aspect d'un tel chiot et comment il se comportera à l'âge adulte. Ils sont souvent en meilleure santé et vivent plus longtemps que les chiens de race.

Il existe des chiens de toute taille et de tout type, avec des pelages très différents.

Adoptions

Tu peux aussi adopter un chien recueilli par un foyer d'animaux. Ces chiens ont en général au moins 6 mois. Ils s'adaptent souvent bien, mais peuvent nécessiter plus d'attention au départ.

Gagner la confiance d'un chien adopté peut prendre plus de temps.

De quoi ai-je besoin ?

Avant l'arrivée de ton chien, assure-toi que tout est prêt. Il lui faudra un lit, des gamelles, quelques jouets, et quelque chose pour être transporté. Achète des aliments pour chien et une cage de transport (voir page 18).

Cage de transport

Si tu achètes un chiot, il est plus sûr de le transporter dans une caisse ou une cage spéciale. Demande au vendeur de t'en prêter une, si possible.

Cette cage est en plastique, mais il existe également des caisses en carton.

C'est un bon moyen de transporter le chiot, car il se sentira plus rassuré dans un espace clos.

Jouets

Ton chien a besoin de jouer. Achète-lui des jouets spécial chien, qu'il peut mordre sans danger.

Les chiens aiment bien les jouets qui couinent.

Un endroit pour dormir

Il existe une grande variété de lits pour chien. Ne dépense pas trop d'argent, car tu devras acheter un autre lit quand ton chiot aura grandi.

Place le lit dans un coin tranquille et chaud.

Choisis un lit en plastique dur, avec un matelas spécial épais, lavable en machine, et qui laisse passer les liquides et garde le dessus sec.

Collier et médaille

Ton chien doit avoir un collier et une médaille avec ton nom et ton adresse. Ajoute aussi ton numéro de téléphone.

Cette médaille montre à qui le chien appartient.

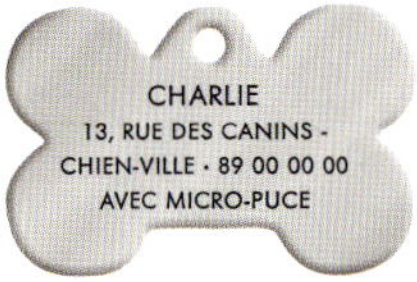

Dans certains pays, un numéro de permis est aussi obligatoire.

Lorsque le chien porte le collier, tu dois pouvoir passer aisément deux doigts entre le collier et le cou de l'animal.

Vérifie souvent le collier de ton chiot et change-le quand il commence à le serrer.

Micro-puce

Une micro-puce peut être implantée sous la peau de ton chien par un vétérinaire. C'est une petite capsule comprenant une puce informatique avec un code qui permet d'identifier le chien s'il se perd.

Quelque chose à manger

Ton chien a besoin de deux gamelles : une pour manger, une pour boire. Enlève la gamelle de nourriture 20 à 30 minutes après le repas, mais veille à ce que l'autre gamelle ait toujours de l'eau.

Pose les gamelles sur des journaux.

Toutes les races ne mangent pas la même chose. Renseigne-toi.

Pour choisir les aliments qu'aime ton chiot, demande à l'éleveur ce qu'il a l'habitude de manger. Ainsi, tu seras sûr de le satisfaire.

L'arrivée

Ton chien aura peut-être peur ou sera inquiet en arrivant chez toi. S'il est tout petit, c'est sans doute la première fois qu'il quitte sa mère. Beaucoup de choses vont lui sembler étranges dans ce nouvel environnement.

Un accueil tranquille

Ne fais pas trop de bruit quand le chiot arrive. Parle-lui doucement pour le rassurer, afin qu'il s'habitue plus vite à ta voix.

Ramasse les petits objets que le chiot risquerait d'avaler.

Mets les câbles électriques et les plantes vertes hors de sa portée.

Le plus important

Montre sa gamelle à ton chien. Il aura sans doute faim à son arrivée.

Remplis la gamelle et tapote-la pour faire venir le chien.

Laisse le chien explorer son nouveau foyer, mais reste avec lui. Ne le laisse pas seul pendant les premiers jours.

Toutes ces nouveautés fatigueront ton chien. Laisse-le dormir s'il a sommeil.

Les chiots se fatiguent facilement.

Faire ami-ami

Appelle ton chien et laisse-le renifler ta main. Accroupis-toi devant lui, pour qu'il voie ton visage, mais sans le fixer dans les yeux pour ne pas l'intimider.

Caresse-le doucement sur la tête et le dos.

Comment tenir ton chien

Prends ton chiot avec les deux mains : place l'une sous la poitrine, l'autre sous les pattes arrière.

Habitue ton chiot à être porté quand il est petit.

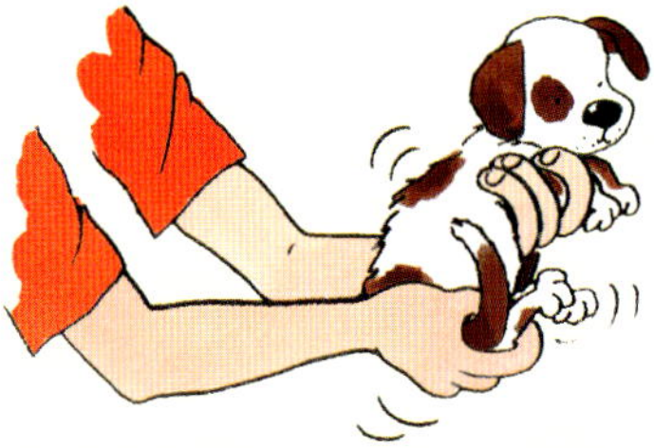

Parle-lui calmement.

Tiens le chiot contre toi pour le rassurer et soutiens ses pattes arrière avec un bras.

Nouvelles connaissances

Quand tu promèneras ton chien, il rencontrera beaucoup d'autres personnes. Habitue-le dès que possible à voir d'autres gens.

Ne lui fais rencontrer que quelques personnes à la fois au début.

Mélancolie nocturne

Le chiot risque de pleurer les premières nuits parce que sa mère lui manque. Enveloppe une bouillotte dans une serviette et pose-la près de lui pour le réconforter.

Un jouet familier de son ancienne maison peut aussi le rassurer.

Premiers jours

Ton chiot doit être vacciné avant d'être promené (voir page 32). Sinon, il risquerait d'attraper une maladie transmise par les excréments ou l'urine d'autres chiens (ou des rats).

Apprendre la propreté

Si ton jardin est clôturé, emmène le chiot y faire ses besoins. Sinon, installe un bac à litière à l'intérieur. Observe ton chien : s'il renifle par terre et s'accroupit, c'est le moment de le sortir.

Fais ceci après chaque repas, après une sieste ou après que vous avez joué ensemble.

Reste avec le chiot jusqu'à ce qu'il ait fini. Félicite-le avec effusion pour qu'il comprenne qu'il s'est bien comporté.

Nettoyage

Ramasse la crotte avec un sac en plastique mis à l'envers. Noue le sac et jette-le. Ou mets des gants et utilise une pelle. Lave-toi bien les mains : les crottes de chien peuvent rendre malade.

La nuit

Dépose une couche épaisse de journaux près du lit du chiot, pour qu'il y fasse ses besoins. Ne le punis pas s'il fait une bêtise. Tu dois faire preuve de patience.

Pour accélérer son dressage, sors le chiot chaque soir pour qu'il fasse ses besoins à l'endroit prévu.

Les journaux ne peuvent remplacer la sortie pour lui apprendre la propreté.

Cages

Une cage à chien peut servir de « chambre » au chiot pendant de courtes périodes où tu n'es pas là. Ceci l'entraîne aussi à la propreté, car les chiens évitent de faire leurs besoins dans leur lit.

Une cage protège aussi la maison des dégâts éventuels causés par le chiot en ton absence.

Un chiot doit faire ses besoins souvent et ne pourra pas se retenir. Ne le mets donc pas en cage plus de deux heures.

Autres animaux

Attends quelques jours avant de présenter le chien à tes autres animaux. Ne le laisse pas seul près de petits animaux comme des lapins ou des souris, car il pourrait leur courir après.

Avant leur première rencontre, pose la couverture du chien près du lit de ton autre animal pour habituer celui-ci à cette nouvelle odeur.

Si tu as un chat, tiens le chien en laisse quand ils sont en présence l'un de l'autre au début. Limite la durée de ces « rencontres ». Emmène vite le chien si une bagarre éclate.

Laisse-les faire connaissance en se reniflant.

La nourriture

Mets la nourriture du chien à un endroit où il ne sera pas dérangé, mais sans l'isoler complètement. Pour éviter qu'il ne défende sa gamelle agressivement, habitue-le à manger près des gens.

Ne mets pas les gamelles de tes animaux l'une à côté de l'autre, car ils essaieraient de se voler mutuellement leur nourriture.

Le dessous en caoutchouc de la gamelle l'empêche de glisser.

Ne joue pas avec ton chien quand il vient juste de finir son repas. Laisse-le se reposer pour qu'il puisse digérer facilement.

Types d'aliments

Nourris ton chien avec des aliments en boîte ou des croquettes. Les aliments pour chiots marqués « complet » contiennent tout ce dont un chiot a besoin pour rester en bonne santé.

Combien ?

Pèse ton chien pour savoir quelles quantités lui donner. L'étiquette des aliments pour chien indique les portions recommandées.

Un grand chien mange plus qu'un petit chien.

Tiens-toi sur le pèse-personne avec le chiot dans les bras. Soustrais ton propre poids du poids total obtenu. La différence est le poids du chiot. Fais cela chaque semaine jusqu'à ce qu'il ait 6 mois.

Quand le chiot est plus grand, fais-toi aider par un adulte.

Nourrir le chiot

Nourris ton chiot quatre fois par jour, en petite quantité. Ceci est préférable à un seul gros repas.

Utilise une vieille cuillère pour transférer la nourriture.

Essaie de lui donner à manger chaque jour aux mêmes heures.

Remplis une autre gamelle d'eau froide. Ton chien doit toujours avoir de l'eau propre.

À 6 mois, nourris le chien deux fois par jour. Un chien adulte n'a qu'un ou deux repas chaque jour.

Note : *ne donne jamais de chocolat à un chien, sauf si c'est du chocolat pour chien.*

Os à ronger

Les chiens aiment mâcher et ronger des os. Ceci leur permet de garder les dents propres.

Ne donne jamais au chien des os cuits, car ils pourraient se casser et blesser sa bouche. Donne-lui des os crus.

Récompense ton chien en lui donnant un os à mâcher comme celui-ci.

Les os à mâcher sont vendus dans les animaleries.

Aliments crus

Selon certains, la viande crue est plus saine pour les chiens. Mais nombreux sont les vétérinaires qui pensent qu'elle est une source de vers intestinaux et de microbes.

Le jeu

Les chiens aiment jouer avec les autres chiens, avec les gens ou avec des jouets. Les chiots sont plus énergiques et remuants. En jouant, ils apprennent également à se comporter avec autrui, et c'est un bon exercice physique.

Combats pour rire

Quand ils jouent entre eux, les chiots font souvent semblant de se battre et se mordillent. Ce n'est qu'un jeu et ils ne se font pas mal.

Ces chiots, qui ont 6 semaines, font semblant de se battre.

Chacun à son tour essaie de plaquer l'autre au sol.

Ils aiment se mordiller doucement.

Je veux jouer !

Pour te montrer qu'il veut jouer avec toi, ton chien s'aplatit devant toi en relevant la croupe. Ceci s'appelle une révérence de jeu.

Ce chiot fait une révérence de jeu pour t'inviter à jouer avec lui.

Attention aux dents

Si le chiot te mord quand tu joues avec lui, crie : « Aïe ! » très fort et arrête de jouer. Apprends à ton chiot que tu n'aimes pas les jeux violents.

Ne gronde pas le chiot. Il est plus efficace d'arrêter le jeu.

Jouer avec ton chien

Fais rouler une balle vers le chiot pour qu'il lui coure après. Elle doit être plus grosse qu'une balle de tennis afin qu'il ne puisse pas l'avaler.

Les chiens adorent courir après les balles.

Joue à cache-cache avec ton chien. Cache-toi derrière un meuble et appelle-le.

Laisse le chiot gagner de temps en temps.

Joue au tir à la corde avec un jouet en caoutchouc ou une corde. Laisse-le tirer en lui résistant. Apprends-lui à arrêter à ton ordre.

Jouets pour chiens

Achète plusieurs jouets différents afin que ton chien ne s'en lasse pas. Les jouets vendus dans les animaleries sont plus résistants que les jouets ordinaires.

Cet épagneul fait rouler une balle qui couine avec la patte.

Balle à remplir de friandises. Elle occupera un chien curieux.

Donne toujours un objet à mordiller à ton chien quand tu n'es pas là, un jouet en caoutchouc par exemple.

Le langage des chiens

Un chien communique par ses mouvements et en émettant des sons. Il peut par exemple aboyer pour attirer l'attention, ou gronder s'il veut qu'on le laisse tranquille.

Si tu rencontres un chien inconnu, observe-le et demande au propriétaire si tu peux le caresser.

Heureux

Quand il est heureux, ton chien remue la queue. Il dresse les oreilles et remonte les coins de la bouche comme s'il souriait.

Ce chien halète légèrement : il est de bonne humeur.

Il remue la queue avec vigueur.

Sur le dos

Le chien se roule sur le dos et expose son ventre en signe de confiance et d'amitié.

La plupart des chiens aiment qu'on leur gratouille le ventre.

Il a peur

Quand un chien a peur, il se fait aussi petit que possible. Il met la queue entre les jambes et aplatit les oreilles. Il peut aussi s'accroupir et s'éloigner en rampant.

Un chien qui a peur ne regarde pas dans les yeux.

Ce chien est anxieux ou a peur de quelque chose.

Chien curieux

Le chien pointe les oreilles pour écouter, par exemple s'il entend quelque chose qui attire sa curiosité. Il ouvre aussi grand les yeux pour mieux voir.

Ce chiot penche la tête d'un côté : quelque chose l'intrigue.

Sa queue est recourbée vers le haut en signe d'assurance.

Le chien s'immobilise pour mieux entendre.

Le chien s'immobilise et penche la tête d'un côté. Il attend de voir, entendre – et sentir – ce qui va se passer ensuite.

Va-t'en !

Un chien sur la défensive montre ses crocs et s'accroupit, prêt à bondir s'il le faut. Il peut aboyer en guise de mise en garde.

N'avance plus !

Il arrive qu'un chien n'ait pas été dressé convenablement. Un chien qui gronde, montre les crocs et te fixe avec les oreilles pointées vers l'avant risque de te mordre.

Rester en bonne santé

Quand ton chiot arrive, emmène-le chez le vétérinaire pour qu'il vérifie qu'il est en bonne santé et qu'il effectue toutes les vaccinations nécessaires contre les maladies. Ne promène pas un chiot tant qu'il n'est pas vacciné.

Tiens le chien en laisse en présence des autres animaux.

Signes de maladie

Si ton chien a l'air triste, n'a pas d'appétit ou ne veut pas sortir, ou que son poil est terne, consulte un vétérinaire.

Laisse ton chien se reposer au chaud dans un lieu tranquille.

Puces

Si ton chien se gratte souvent, il a peut-être des puces. Consulte le vétérinaire. Il te donnera de l'anti-puces en vaporisateur, ou un médicament en gouttes ou en pilules.

Les puces chatouillent la peau du chiot et lui donnent envie de se gratter.

Les puces sont contagieuses.

Si ton chien se gratte beaucoup, c'est un signe qu'il a des puces.

Vers

Si le chien maigrit alors qu'il mange avec appétit, ou que tu observes comme du riz ou des nouilles dans ses crottes, il a peut-être des vers intestinaux. Le vétérinaire te donnera un vermifuge et des conseils.

Peur du docteur

Chez le vétérinaire, le chiot est confronté à des personnes, à des odeurs et des objets inconnus qui peuvent l'effrayer. Parle-lui pour le rassurer et récompense-le s'il est sage.

Bilan annuel

Emmène ton chien chez le vétérinaire une fois par an pour le faire examiner et revacciner.

Le vétérinaire examinera aussi ses yeux et ses dents.

Castration

Quand ton chien a un an, fais-le castrer par le vétérinaire pour qu'il n'ait pas de petits. Ceci se fait à 18 mois chez les mâles, plus tôt chez les femelles.

La vieillesse

Un chien vit en général 10 ans ou davantage. En vieillissant, il ne court plus aussi loin ni aussi vite.

Si ton chien est âgé, raccourcis ses promenades.

Un chien âgé passe plus de temps à dormir. Veille à ce que son lit soit chaud et propre. Comme il est moins actif, il doit manger moins. Fais-le examiner tous les 6 mois par le vétérinaire.

Brosse ton chien plus souvent pour qu'il reste propre.

Le dressage

Comme un enfant, un chiot doit apprendre à distinguer ce qui est permis de ce qui ne l'est pas. Commence son dressage dès qu'il arrive.

S'asseoir

L'une des premières choses à apprendre à ton chien est de s'asseoir à ton ordre. Ceci permet de le calmer ou de l'arrêter s'il se met en danger.

Tiens une friandise juste au-dessus du museau du chiot. Il s'assoira pour mieux la voir.

Utilise un biscuit pour chien, par exemple.

Dis : « Bon chien ! » quand le chien s'assoit à ton ordre.

Quand le chien s'assoit, dis : « Assis ! » et donne-lui la friandise. Félicite-le pour qu'il sache qu'il a bien fait.

Bon chien

Quand il obéit, récompense ton chien par des friandises, des caresses ou en jouant avec lui.

Ce terrier croisé attend ses ordres.

Ne frappe jamais ton chien quand il désobéit. Ignore-le simplement.

Clic !

Pour aider ton chien à comprendre ce qu'il a fait de bien, tu peux utiliser un « clicker » – dispositif mécanique simple – juste avant de le récompenser.

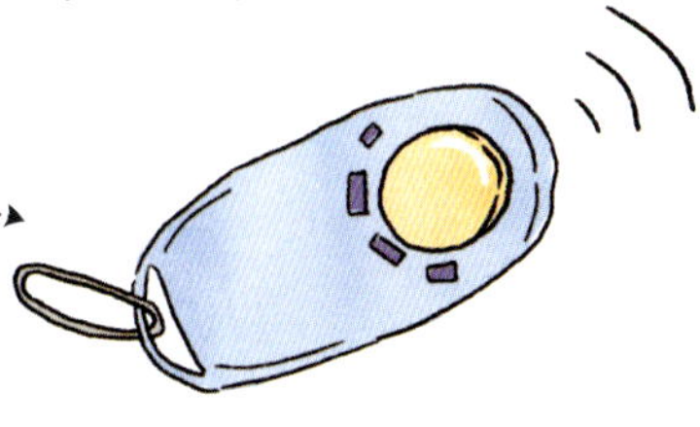

Actionne le clicker dès que l'animal fait ce que tu lui as demandé.

Il ronge tout

À 6 ou 8 semaines, le chiot a toutes ses dents de bébé. Elles sont remplacées par des dents adultes lorsqu'il a entre 4 et 10 mois.

Durant cette période, irrité par la pousse de ses nouvelles dents, le chien aura envie de tout ronger. Plus tard, il le fera pour se distraire.

Assure-toi que le chien a un objet qu'il est autorisé à ronger.

Ce jouet est sans danger pour le chiot.

Si tu vois le chien ronger quelque chose d'interdit, dis-lui fermement non. Donne-lui un jouet pour chien ou un os à mâcher.

L'école des chiots

En outre de le dresser toi-même, il peut être utile d'inscrire ton chien à des cours collectifs de dressage canin. Ceci lui permet aussi de s'habituer aux autres chiens.

À une école du chiot, ton chien apprendra à obéir.

Renseigne-toi auprès de ton vétérinaire ou recherche une école locale en ligne ou dans l'annuaire téléphonique.

Conseils de dressage

Sois patient avec ton chiot : n'oublie pas qu'il n'est encore qu'un bébé. Sois positif : récompense, mais ne punis pas. Sois cohérent : ne fais pas d'exception, même « juste une fois ».

Avant de sortir

Avant qu'il soit vacciné et qu'il ait le droit de sortir, entraîne ton chien à marcher en laisse dans la maison.

En laisse

Attache la laisse à l'anneau du collier. Fais renifler une friandise au chien, sans la lui donner.

Marche avec ton chien. Quand il est près de toi, dis : « Au pied ! » Fais-lui sentir une friandise en marchant.

Si le chien s'éloigne de toi, montre-lui la friandise. Donne-la-lui quand il a bien marché.

Tirer sur la laisse

Quand tu marches, la laisse doit toujours être lâche. En tirant trop dessus, tu risquerais de faire mal à ton chien et le blesser au cou.

Tiens une friandise dans ta main libre. Si le chien tire, montre-lui la friandise pour le ramener vers toi.

Si le chien tire, ne le ramène pas en tirant à ton tour. Dis-lui de s'asseoir, puis repartez.

Promène le chien chez toi quelques minutes tous les jours.

Achat de la laisse

Achète une laisse solide en nylon ou en cuir d'au moins 1 mètre de long.

Il existe de nombreux modèles de laisses.

Quand ton chien sera plus grand, tu pourras acheter une laisse à enrouleur, qui lui permettra d'aller plus loin quand tu le promènes.

Une laisse à enrouleur donne plus de liberté au chien là où il n'y a pas de danger.

Habits de chien

Certains chiens de petite taille à poil court ou sans poil ont besoin d'un manteau pour se protéger du froid. Pour eux, ce n'est pas seulement une question de mode.

Le manteau de Woody est léger et n'entrave pas ses mouvements. Il est aussi fluorescent.

Note : *en revanche, il peut être dangereux d'habiller un chien à poil épais, car il risque d'avoir trop chaud.*

Accessoires

Les magasins débordent d'accessoires pour chien à acheter, mais il suffit à son bonheur d'être bien nourri, logé, dressé, promené, et bien sûr aimé.

Les promenades

Quand ton chiot aura le droit de sortir, tu devras le promener au moins deux fois par jour. Tiens-le en laisse au début, même dans un endroit sûr, jusqu'à ce qu'il s'habitue à son environnement.

Varie ton chemin pour rendre les promenades plus intéressantes.

Code de la route

Avant de traverser une rue, dis au chiot de s'asseoir. Traverse seulement lorsqu'il n'y a plus de danger. Tiens toujours le chiot en laisse près d'une rue ou d'une route.

Faire venir le chiot

Avant d'enlever sa laisse au chiot dehors, tu dois lui apprendre à venir quand tu l'appelles.

Demande à un ami de le tenir par son collier à quelque distance de là.

Montre-lui une friandise.

Appelle le chiot pour attirer son attention.

Accroupis-toi et ouvre les bras pour montrer au chien que tu veux qu'il vienne vers toi.

Quand le chiot court vers toi, dis : « Ici ! » quand il est tout près. Récompense-le en lui donnant une friandise.

Dehors

Quand tu promèneras ton chiot, il rencontrera d'autres chiens en chemin. Il est important qu'il sache bien se conduire avec les autres animaux. La plupart des chiens aiment les chiots et jouent avec eux.

Rencontre avec les chiens

Les chiens font connaissance en se flairant mutuellement. Ils s'identifient plus par l'odeur que par la vue.

Les chiens se reniflent en guise de conversation.

Si un chien se comporte avec hostilité, tourne la tête de ton chien de l'autre côté et entraîne-le ailleurs.

Remets ton chien en laisse.

Rencontre avec d'autres personnes

Tu rencontreras également d'autres personnes au cours de tes promenades. Tu dois apprendre à ton chiot à bien se conduire et à ne pas sauter sur les gens.

Sauter

C'est à la maison que tu dois apprendre au chiot à ne pas sauter sur les gens. S'il saute sur toi, ne bouge pas et regarde ailleurs.

Ignore-le quand il saute, même si tu as envie de lui faire plaisir.

Ton chiot saute pour attirer ton attention. Apprends-lui à ne pas le faire.

Si tu tentes de repousser ton chien ou bien que tu le grondes, il recommencera, car il aura réussi à attirer ton attention.

Sur la piste

À partir de 6 mois, chaque chien a en général une zone qu'il considère comme son territoire et qu'il marque de son odeur.

Ton chien sait à l'odeur quels animaux sont déjà passés.

Il utilise les glandes odoriférantes de ses pattes, de son cou et de son derrière pour laisser son odeur, en faisant pipi, en se frottant aux objets ou en grattant le sol.

Ton chien gratte le sol pour laisser son odeur.

Nettoyer après ton chien

Quand tu promènes ton chien, tu dois ramasser ses crottes dans un sac et le mettre dans la poubelle prévue à cet effet, ou rapporter le sac chez toi.

Utilise un sac en plastique biodégradable.

Ramasse la crotte avec le sac mis à l'envers. Lave-toi les mains dès que tu peux.

Exercice

Les chiens préfèrent sortir au même moment tous les jours. Emmène le tien dans un lieu où il pourra courir sans danger.

Les chiots adorent courir. Surveille le tien pour qu'il ne se mette pas en danger.

Jeux dans le parc

Emporte un jouet pour chien, une balle par exemple. Fais courir ton chien après le jouet dans un parc ou dans un endroit loin de la route.

Apprendre à aller chercher

Fais renifler un jouet à ton chien, puis lance le jouet à une courte distance. Quand le chiot court vers le jouet, dis : « Va chercher ! »

Ne jette pas de bâton : ton chien pourrait se blesser avec les échardes.

Utilise un jouet doux à la bouche du chiot.

Quand le chien rapporte le jouet, prends-le-lui en le félicitant.

Qui est le plus fort ?

Les chiens jouent parfois à se disputer un objet pour savoir qui est le plus fort.

Les chiens peuvent faire mine de gronder en se disputant un jouet.

Achète un jouet à tirer dans une animalerie.

Les chiens à fortes mâchoires, comme les terriers, aiment bien ce jeu. Emporte un jouet à tirer avec toi quand tu te promènes.

Après l'effort, vive l'eau !

Beaucoup de chiens aiment aller dans l'eau pour se rafraîchir. Ils savent souvent nager, mais gare au courant et aux berges abruptes !

Le brossage

Tu dois brosser ton chien pour démêler sa fourrure et enlever les poils lâches. Brosse-le quand il est encore jeune, pour l'habituer tôt à cette toilette.

Les chiens à poil lisse doivent être brossés une fois par semaine.

Ceux à poil bouclé, tel ce terrier Airedale, doivent être brossés deux fois par semaine.

Ce Collie barbu à poil long et épais doit être brossé plusieurs fois par semaine.

Comment brosser ton chien

Étale de vieux journaux sur le sol pour le protéger de la saleté et des poils qui tomberont pendant le brossage.

Le chien peut être assis ou debout.

Fais attention de ne pas tirer sur les poils.

Commence par le dos du chien, en brossant doucement dans le sens du poil.

Brosse les pattes, le ventre et la queue. Passe autour des oreilles et sous le menton.

Certains chiens aiment qu'on leur brosse le ventre.

Brosses pour chiens

Tout chien a besoin d'une brosse et d'un peigne adaptés à son poil. Renseigne-toi auprès de l'éleveur sur le type d'articles de toilette à utiliser pour le tien.

Une brosse douce convient aux poils courts.

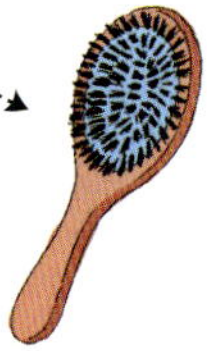

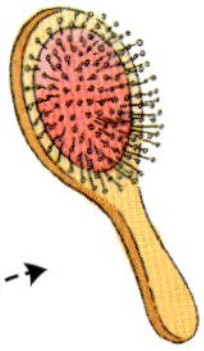

Une brosse métallique convient aux poils moyens à longs.

Un peigne démêle les longs poils.

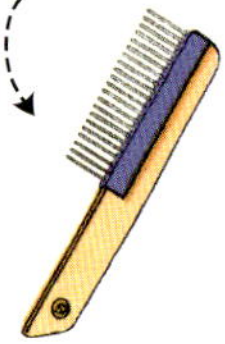

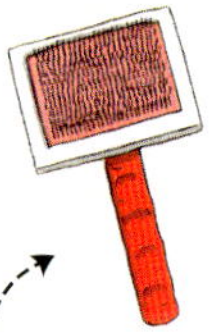

Une carde enlève les poils lâches.

Pour brosser un Poméranien, on fait gonfler sa fourrure en brossant contre le sens du poil.

Perte des poils

Les chiens perdent leurs poils deux fois par an pour renouveler leur pelage. Brosse ton chien chaque jour pendant ces périodes.

Certains chiens perdent leurs poils tout le long de l'année.

Les poils de certains chiens à pelage bouclé continuent de pousser sans jamais tomber.

Si c'est le cas de ton chien, fais-le tondre chez un toiletteur.

Le bain

Les chiens se lèchent pour se laver. Si ton chien s'est roulé dans la boue, attends que ses poils sèchent, puis brosse-le.

Tu n'as besoin de laver ton chien que s'il est très sale, s'il sent mauvais, s'il participe à un concours canin ou pour des raisons médicales.

Laver ton chien

Enlève d'abord les nœuds les plus visibles avec la brosse, puis remplis la baignoire de 7 cm d'eau environ. L'eau ne doit pas être trop chaude. Aide le chien à monter dans la baignoire.

Utilise un broc pour recueillir l'eau et mouiller le corps du chien. Sa tête doit rester sèche au début.

Demande à quelqu'un de tenir le chien.

Ne mets pas de shampoing sur la tête du chien.

Frotte avec les doigts.

Verse un peu de shampoing dans ta main et applique-le sur les poils du chien. Frotte en allant jusqu'à la peau.

Rince le shampoing avec beaucoup d'eau chaude. Puis mouille et essuie la tête du chien avec une éponge ou un vieux chiffon.

Le séchage

Le chien va s'ébrouer pour enlever l'eau de son pelage. Attends qu'il l'ait fait avant de l'aider à sortir de la baignoire.

Recule-toi pour ne pas être mouillé !

Essuie bien le chien avec une vieille serviette. S'il a des poils longs ou touffus, tu peux utiliser un sèche-cheveux à basse température.

Brosse le chien après son bain.

Sèche doucement l'intérieur de ses oreilles.

Rester au chaud

Ne laisse pas sortir ton chien quand il est mouillé, car sa fourrure ne le protège plus contre le froid.

Ne promène pas ton chien après son bain.

La bonne odeur !

Après un bain, certains chiens se roulent exprès dans quelque chose qui sent mauvais. On pense que c'est pour retrouver leur odeur naturelle plus vite.

Certains chiens adorent se rouler dans ce qui sent mauvais.

Quand tu t'en vas

Ne laisse pas le chien seul si tu t'absentes, que ce soit une nuit ou plusieurs jours. Demande à quelqu'un de lui donner à manger et à boire, et de le promener chaque jour.

Ton chien préfèrerait sans doute te suivre. Rappelle-toi cependant qu'un chiot ne peut pas voyager tant qu'il n'a pas été vacciné.

Changement de décor

Si ton chien t'accompagne, emporte tout ce dont il a besoin. Ne le laisse pas s'éloigner de toi pour qu'il ne se perde pas.

Ton chien aime la plage autant que toi.

Accroche une médaille à son collier avec ton adresse de vacances.

Les chenils

Si ton chien ne peut pas partir avec toi et qu'il a au moins 6 mois, tu peux le laisser dans un chenil pendant ton absence.

Le chien se sentira plus à l'aise entouré d'objets familiers.

Apporte son lit et quelques jouets.

Les employés du chenil s'occuperont de ton chien et le promèneront. Visite le chenil à l'avance pour voir s'il y sera heureux.

Un chenil doit être propre et en bon état. Il ne doit pas être bruyant ou surpeuplé. Les employés doivent te demander des preuves de vaccination et te montrer où le chien sera logé.

Chez des amis

Un ami peut accepter d'héberger ton chien pendant ton absence. Il est préférable qu'il s'agisse d'une personne qui le connaît bien ou qui a l'habitude des chiens.

Mets l'adresse de ton ami sur la médaille du chien.

Apporte assez de nourriture pour tout le séjour et donne à ton ami le numéro du vétérinaire, au cas où ton chien tomberait malade pendant ton absence.

Apporte le lit du chien, pour qu'il se sente chez lui.

Sur la route

En voiture, un chien a vite très chaud parce qu'il ne sue pas comme les êtres humains. Ouvre donc une vitre et ne laisse pas ton chien seul dans la voiture, surtout quand il fait très chaud et humide.

Emporte une gamelle et une bouteille d'eau.

Donne de l'eau au chien quand tu t'arrêtes.

Quand tu fais un arrêt, mets le chien en laisse pendant qu'il boit et que tu l'emmènes faire ses besoins. Si tu voyages souvent avec lui, achète une ceinture de sécurité pour chien.

Index

Maquette de la couverture : Kate Rimmer
Contribution à la maquette : Kathy Ward
Manipulation numérique : Keith Furnival

Crédits photo

(h-haut, m-milieu, b-bas, g-gauche, d-droite)
Couverture © Mark Taylor/naturepl.com ; 4b, 6m, 24b, 27m, 28b, 29b, 30b, 31m, 35b, 51, 52b, 52md, 54b © Jane Burton & Mark Taylor/Warren Photographic ; 10md, 37md, 52mg © Eric Isselée/Shutterstock ; 12b © Pieter/Shutterstock ; 15b © Jean-Michel Labat/ardea.com ; 20m © Rick's Photography/Shutterstock ; 38m, 42h, 44m © Jane Burton/naturepl.com ; 43m © Ming de Nasty www.fourfootphotography.co.uk ; 49b © Juniors Bildarchiv/Alamy ; 50md © Chris Howey/Shutterstock ; 60b © SVGiles/Flickr/Getty Images